rempli

avec

peconnaissance

Mes informations personnelles:

- ♥ Nom
- ♥ Adresse
- ♥ Tlphone
- ♥ Facebook
- ♥ Instagram
- ♥ E-Mail

2021

Calendrier 2021

Rveillez-vous et soyez fabuleux!

01

Janvier

Di	Lu	Ma	Me	Je	Ve	Sa
					1	2
3	4	5	6	7	8	9
10	11	12	13	14	15	16
17	18	19	20	21	22	23
24	25	26	27	28	29	30
31						

Chers parents et amis. J'espire que votre mois de Fvrier est rempli d'amour

02

Février

Di	Lu	Ma	Me	Je	Ve	Sa
	1	2	3	4	5	6
7	8	9	10	11	12	13
14	15	16	17	18	19	20
21	22	23	24	25	26	27
28						

En Mars, le pire de l'hiver serait pass̃.
La neige allait fondre, les riviries se mettre
ı couler et le monde se r̃veillerait ı
nouveau en lui-m̃me". -Neil Gaiman

03

MaPS

Di	Lu	Ma	Me	Je	Ve	Sa
	1	2	3	4	5	6
7	8	9	10	11	12	13
14	15	16	17	18	19	20
21	22	23	24	25	26	27
28	29	30	31			

"Certaines personnes ne peuvent pas être trompées le jour du poisson d'avril parce qu'elles ont été trompées trop de fois au cours de leur vie".
- Akash B Chandran

04
Avril

Di	Lu	Ma	Me	Je	Ve	Sa
				1	2	3
4	5	6	7	8	9	10
11	12	13	14	15	16	17
18	19	20	21	22	23	24
25	26	27	28	29	30	

"Mai, plus que tout autre mois de l'année, veut que nous nous sentions plus vivants."

- Fennel Hudson

05

MAI

Di	Lu	Ma	Me	Je	Ve	Sa
2	3	4	5	6	7	8
9	10	11	12	13	14	15
16	17	18	19	20	21	22
23	24	25	26	27	28	29
30	31					

"June n'a jamais 't aussi belle qu'aujourd'hui, sans fioritures et honnête, vulnrable et pourtant invincible."
- Marie Lu, Lgende

	Di	Lu	Ma	Me	Je	Ve	Sa
06			1	2	3	4	5
	6	7	8	9	10	11	12
	13	14	15	16	17	18	19
Juin	20	21	22	23	24	25	26
	27	28	29	30			

"Juillet, ce bel enfer, toutes les robes et rideaux de velours bourrs dans un petit trou chaud." -Laura Kasischke

07

Juillet

Di	Lu	Ma	Me	Je	Ve	Sa
				1	2	3
4	5	6	7	8	9	10
11	12	13	14	15	16	17
18	19	20	21	22	23	24
25	26	27	28	29	30	31

"Respirez la douceur qui plane en août." -Denise Levertov

08

Août

Di	Lu	Ma	Me	Je	Ve	Sa
1	2	3	4	5	6	7
8	9	10	11	12	13	14
15	16	17	18	19	20	21
22	23	24	25	26	27	28
29	30	31				

Ah, septembre ! Vous ̃tes la porte d'entre de la saison qui ̃rveille mon sol.

- Peggy Toney Horton

Di	Lu	Ma	Me	Je	Ve	Sa
			1	2	3	4
5	6	7	8	9	10	11
12	13	14	15	16	17	18
19	20	21	22	23	24	25
26	27	28	29	30		

09
septembre

"Que les feuilles tombent là où elles peuvent...
Bienvenue octobre- L'automne est là".
- Charmaine J Forde

	Di	Lu	Ma	Me	Je	Ve	Sa
10							
	3	4	5	6	7	8	9
	10	11	12	13	14	15	16
	17	18	19	20	21	22	23
	24	25	26	27	28	29	30
	31						

Octobre

"Bienvenue au doux novembre, la saison des sens et mon mois préfr."
- Gregory F. Lenz

	Di	Lu	Ma	Me	Je	Ve	Sa
		1	2	3	4	5	6
	7	8	9	10	11	12	13
	14	15	16	17	18	19	20
	21	22	23	24	25	26	27
	28	29	30				

11

Novembre

"Le mois de dcembre apporte la neige fondue, le feu et les friandises de Nôl."

Sara Coleridge

Love rainbow

12

Décembre

Di	Lu	Ma	Me	Je	Ve	Sa
			1	2	3	4
5	6	7	8	9	10	11
12	13	14	15	16	17	18
19	20	21	22	23	24	25
26	27	28	29	30	31	

La pratique quotidienne de la pleine conscience

Date: _____ / _____ /20__

Di ○ LU ○ MA ○ ME ○ JE ○ VE ○ SA ○

IDÉES

MON ÉTAT D'ESPRIT AUJOURD'HUI

☺ ☹ ☹ 😄 😠

Aujourd'hui sera une Bonne Journée

☺ **Méditation**

Combien de temps? _____ / _____

Comment était-ce ? **Dur** ○ **Facile** ○

Exercice ○   Yoga/Marche/Gymnastique/Autre _____

☺ **Aujourd'hui, je choisis de me sentir**

ℹ **Aujourd'hui, je me concentrerai sur**

_____
_____
_____

_____
_____
_____

Aujourd'hui, je me sens inspiré par

☺ **Les bonnes habitudes du jour**

_____
_____
_____

_____
_____
_____

Liste des choses à faire

Aujourd'hui, je suis reconnaissant pour

La pratique quotidienne de la pleine conscience

Ma journée

10 MINUTES POUR RÉFLÉCHIR À VOTRE JOURNÉE

3 ÉVÉNEMENTS QUE JE VOUDRAIS SOUVENIR

UNE IDÉE D'AUJOURD'HUI QUE VOUS VOULEZ ESSAYER À L'AVENIR

UN DES DÉFIS DU JOUR, PETIT OU GRAND

QU'AI-JE FAIT DE MAL ET COMMENT L'ÉVITER?

JOURNAL

OBJECTIF

La pratique quotidienne de la pleine conscience

Date: _____ / _____ /20__

Di ○ **LU** ○ **MA** ○ **ME** ○ **JE** ○ **VE** ○ **SA** ○

IDÉES

MON ÉTAT D'ESPRIT AUJOURD'HUI

☺ ☹ ☹ ☺ 😠

Aujourd'hui sera une Bonne Journée

Méditation

Combien de temps? _____ / _____

Comment était-ce ? **Dur** ○ **Facile** ○

Exercice ○   Yoga/Marche/Gymnastique/Autre _____

Aujourd'hui, je choisis de me sentir

_____
_____
_____

Aujourd'hui, je me concentrerai sur

_____
_____
_____

Aujourd'hui, je me sens inspiré par

_____
_____
_____

Les bonnes habitudes du jour

_____
_____
_____

Liste des choses à faire

○ _____
○ _____
○ _____
○ _____
○ _____
○ _____

Aujourd'hui, je suis reconnaissant pour

_____
_____
_____
_____
_____

La pratique quotidienne de la pleine conscience

Ma journée

10 MINUTES POUR RÉFLÉCHIR À VOTRE JOURNÉE

3 ÉVÉNEMENTS QUE JE VOUDRAIS SOUVENIR

UNE IDÉE D'AUJOURD'HUI QUE VOUS VOULEZ ESSAYER À L'AVENIR

UN DES DÉFIS DU JOUR, PETIT OU GRAND

QU'AI-JE FAIT DE MAL ET COMMENT L'ÉVITER?

La pratique quotidienne de la pleine conscience

 JOURNAL

OBJECTIF

La pratique quotidienne de la pleine conscience

Date: _____ / _____ /20__

Di ◯ LU ◯ MA ◯ ME ◯ JE ◯ VE ◯ SA ◯

IDÉES

MON ÉTAT D'ESPRIT AUJOURD'HUI

☺ ☹ ☹ 😄 😠

Aujourd'hui sera une Bonne Journée

Méditation

Combien de temps? _____ / _____

Comment était-ce ? **Dur** ◯ **Facile** ◯

Exercice ◯ Yoga/Marche/Gymnastique/Autre _____

Aujourd'hui, je choisis de me sentir

_____
_____
_____

Aujourd'hui, je me concentrerai sur

_____
_____
_____

Aujourd'hui, je me sens inspiré par

_____
_____
_____

Les bonnes habitudes du jour

_____
_____
_____

Liste des choses à faire

_____
_____
_____
_____
_____

Aujourd'hui, je suis reconnaissant pour

_____
_____
_____
_____
_____

La pratique quotidienne de la pleine conscience

Ma journée

10 MINUTES POUR RÉFLÉCHIR À VOTRE JOURNÉE

3 ÉVÉNEMENTS QUE JE VOUDRAIS SOUVENIR

UNE IDÉE D'AUJOURD'HUI QUE VOUS VOULEZ ESSAYER À L'AVENIR

UN DES DÉFIS DU JOUR, PETIT OU GRAND

QU'AI-JE FAIT DE MAL ET COMMENT L'ÉVITER?

La pratique quotidienne de la pleine conscience

 JOURNAL

OBJECTIF

La pratique quotidienne de la pleine conscience

Date: ____/____/20__

Di ○ **LU** ○ **MA** ○ **ME** ○ **JE** ○ **VE** ○ **SA** ○

IDÉES

MON ÉTAT D'ESPRIT AUJOURD'HUI

Aujourd'hui sera une Bonne Journée

🙂 🙁 ☹️ 😄 😠

Méditation

Combien de temps? ____ / ____

Comment était-ce ? **Dur** ○ **Facile** ○

Exercice ○ Yoga/Marche/Gymnastique/Autre _____

Aujourd'hui, je choisis de me sentir
_____
_____
_____

Aujourd'hui, je me concentrerai sur
_____
_____
_____

Aujourd'hui, je me sens inspiré par
_____
_____
_____

Les bonnes habitudes du jour
_____
_____
_____

Liste des choses à faire
○ _____
○ _____
○ _____
○ _____
○ _____
○ _____

Aujourd'hui, je suis reconnaissant pour
_____
_____
_____
_____
_____

La pratique quotidienne de la pleine conscience

Ma journée

10 MINUTES POUR RÉFLÉCHIR À VOTRE JOURNÉE

3 ÉVÉNEMENTS QUE JE VOUDRAIS SOUVENIR

UNE IDÉE D'AUJOURD'HUI QUE VOUS VOULEZ ESSAYER À L'AVENIR

UN DES DÉFIS DU JOUR, PETIT OU GRAND

QU'AI-JE FAIT DE MAL ET COMMENT L'ÉVITER?

JOURNAL

OBJECTIF

La pratique quotidienne de la pleine conscience

Date: _____ / _____ /20__

Di ○ **LU** ○ **MA** ○ **ME** ○ **JE** ○ **VE** ○ **SA** ○

IDÉES

MON ÉTAT D'ESPRIT AUJOURD'HUI
☺ ☹ 😐 😄 😠

Aujourd'hui sera une Bonne Journée

Méditation

Combien de temps? _____ / _____

Comment était-ce ? **Dur** ○ **Facile** ○

Exercice ○ Yoga/Marche/Gymnastique/Autre _____

Aujourd'hui, je choisis de me sentir

_____
_____
_____

Aujourd'hui, je me concentrerai sur

_____
_____
_____

Aujourd'hui, je me sens inspiré par

_____
_____
_____

Les bonnes habitudes du jour

_____
_____
_____

Liste des choses à faire

○ _____
○ _____
○ _____
○ _____
○ _____

Aujourd'hui, je suis reconnaissant pour

_____
_____
_____
_____
_____

La pratique quotidienne de la pleine conscience

Ma journée

10 MINUTES POUR RÉFLÉCHIR À VOTRE JOURNÉE

3 ÉVÉNEMENTS QUE JE VOUDRAIS SOUVENIR

UNE IDÉE D'AUJOURD'HUI QUE VOUS VOULEZ ESSAYER À L'AVENIR

UN DES DÉFIS DU JOUR, PETIT OU GRAND

QU'AI-JE FAIT DE MAL ET COMMENT L'ÉVITER?

La pratique quotidienne de la pleine conscience

 JOURNAL

OBJECTIF

La pratique quotidienne de la pleine conscience

Date: ____ / ____ /20__

Di ◯ LU ◯ MA ◯ ME ◯ JE ◯ VE ◯ SA ◯

IDÉES

MON ÉTAT D'ESPRIT AUJOURD'HUI

☺ ☹ ☹ 😄 😠

Aujourd'hui sera une Bonne Journée

Méditation

Combien de temps? ____ / ____

Comment était-ce ? **Dur** ◯ **Facile** ◯

Exercice ◯   Yoga/Marche/Gymnastique/Autre _____

Aujourd'hui, je choisis de me sentir

_____
_____
_____

Aujourd'hui, je me concentrerai sur

_____
_____
_____

Aujourd'hui, je me sens inspiré par

_____
_____
_____

Les bonnes habitudes du jour

_____
_____
_____

Liste des choses à faire

◯ _____
◯ _____
◯ _____
◯ _____
◯ _____
◯ _____

Aujourd'hui, je suis reconnaissant pour

_____
_____
_____
_____
_____

La pratique quotidienne de la pleine conscience

Ma journée

10 MINUTES POUR RÉFLÉCHIR À VOTRE JOURNÉE

3 ÉVÉNEMENTS QUE JE VOUDRAIS SOUVENIR

UNE IDÉE D'AUJOURD'HUI QUE VOUS VOULEZ ESSAYER À L'AVENIR

UN DES DÉFIS DU JOUR, PETIT OU GRAND

QU'AI-JE FAIT DE MAL ET COMMENT L'ÉVITER?

La pratique quotidienne de la pleine conscience

 JOURNAL

OBJECTIF

La pratique quotidienne de la pleine conscience

Date: _____ / _____ /20__

Di ○ LU ○ MA ○ ME ○ JE ○ VE ○ SA ○

IDÉES

MON ÉTAT D'ESPRIT AUJOURD'HUI

😊 ☹️ 😐 😄 😠

Aujourd'hui sera une Bonne Journée

Méditation

Combien de temps? _____ / _____

Comment était-ce ? **Dur** ○ **Facile** ○

Exercice ○   Yoga/Marche/Gymnastique/Autre _____

Aujourd'hui, je choisis de me sentir

_____
_____
_____

Aujourd'hui, je me concentrerai sur

_____
_____
_____

Aujourd'hui, je me sens inspiré par

_____
_____
_____

Les bonnes habitudes du jour

_____
_____
_____

Liste des choses à faire

○ _____
○ _____
○ _____
○ _____
○ _____

Aujourd'hui, je suis reconnaissant pour

_____
_____
_____
_____
_____

La pratique quotidienne de la pleine conscience

Ma journée

10 MINUTES POUR RÉFLÉCHIR À VOTRE JOURNÉE

3 ÉVÉNEMENTS QUE JE VOUDRAIS SOUVENIR

UNE IDÉE D'AUJOURD'HUI QUE VOUS VOULEZ ESSAYER À L'AVENIR

UN DES DÉFIS DU JOUR, PETIT OU GRAND

QU'AI-JE FAIT DE MAL ET COMMENT L'ÉVITER?

La pratique quotidienne de la pleine conscience

JOURNAL

OBJECTIF

La pratique quotidienne de la pleine conscience

Date: _____ / _____ /20__

Di ◯ **LU** ◯ **MA** ◯ **ME** ◯ **JE** ◯ **VE** ◯ **SA** ◯

IDÉES

MON ÉTAT D'ESPRIT AUJOURD'HUI

🙂 🙁 ☹️ 😄 😠

Aujourd'hui sera une Bonne Journée

Méditation

Combien de temps? _____ / _____

Comment était-ce ? **Dur** ◯ **Facile** ◯

Exercice ◯ Yoga/Marche/Gymnastique/Autre _____

Aujourd'hui, je choisis de me sentir

_____
_____
_____

Aujourd'hui, je me concentrerai sur

_____
_____
_____

Aujourd'hui, je me sens inspiré par

_____
_____
_____

Les bonnes habitudes du jour

_____
_____
_____

Liste des choses à faire

◯ _____
◯ _____
◯ _____
◯ _____
◯ _____
◯ _____

Aujourd'hui, je suis reconnaissant pour

_____
_____
_____
_____
_____

La pratique quotidienne de la pleine conscience

Ma journée

10 MINUTES POUR RÉFLÉCHIR À VOTRE JOURNÉE

3 ÉVÉNEMENTS QUE JE VOUDRAIS SOUVENIR

UNE IDÉE D'AUJOURD'HUI QUE VOUS VOULEZ ESSAYER À L'AVENIR

UN DES DÉFIS DU JOUR, PETIT OU GRAND

QU'AI-JE FAIT DE MAL ET COMMENT L'ÉVITER?

La pratique quotidienne de la pleine conscience

JOURNAL

OBJECTIF €

La pratique quotidienne de la pleine conscience

Date: _____ / _____ /20__

Di ◯ **LU** ◯ **MA** ◯ **ME** ◯ **JE** ◯ **VE** ◯ **SA** ◯

IDÉES

MON ÉTAT D'ESPRIT AUJOURD'HUI

☺ ☹ 😐 😄 😠

Aujourd'hui sera une Bonne Journée

Méditation

Combien de temps? _____ / _____

Comment était-ce ? **Dur** ◯ **Facile** ◯

Exercice ◯ Yoga/Marche/Gymnastique/Autre _____

Aujourd'hui, je choisis de me sentir

_____
_____
_____

Aujourd'hui, je me concentrerai sur

_____
_____
_____

Aujourd'hui, je me sens inspiré par

_____
_____
_____

Les bonnes habitudes du jour

_____
_____
_____

Liste des choses à faire

◯ _____
◯ _____
◯ _____
◯ _____
◯ _____

Aujourd'hui, je suis reconnaissant pour

_____
_____
_____
_____
_____

La pratique quotidienne de la pleine conscience

Ma journée

10 MINUTES POUR RÉFLÉCHIR À VOTRE JOURNÉE

3 ÉVÉNEMENTS QUE JE VOUDRAIS SOUVENIR

UNE IDÉE D'AUJOURD'HUI QUE VOUS VOULEZ ESSAYER À L'AVENIR

UN DES DÉFIS DU JOUR, PETIT OU GRAND

QU'AI-JE FAIT DE MAL ET COMMENT L'ÉVITER?

La pratique quotidienne de la pleine conscience

 JOURNAL

OBJECTIF

La pratique quotidienne de la pleine conscience

Date: ____/____/20__

Di ○ LU ○ MA ○ ME ○ JE ○ VE ○ SA ○

IDÉES

MON ÉTAT D'ESPRIT AUJOURD'HUI

☺ ☹ ☹ 😄 😠

Aujourd'hui sera une Bonne Journée

Méditation

Combien de temps? ____ / ____

Comment était-ce ? **Dur** ○ **Facile** ○

Exercice ○   Yoga/Marche/Gymnastique/Autre _____

Aujourd'hui, je choisis de me sentir

_____
_____
_____

Aujourd'hui, je me concentrerai sur

_____
_____
_____

Aujourd'hui, je me sens inspiré par

_____
_____
_____

Les bonnes habitudes du jour

_____
_____
_____

Liste des choses à faire

○ _____
○ _____
○ _____
○ _____
○ _____
○ _____

Aujourd'hui, je suis reconnaissant pour

_____
_____
_____
_____

La pratique quotidienne de la pleine conscience

Ma journée

10 MINUTES POUR RÉFLÉCHIR À VOTRE JOURNÉE

3 ÉVÉNEMENTS QUE JE VOUDRAIS SOUVENIR

UNE IDÉE D'AUJOURD'HUI QUE VOUS VOULEZ ESSAYER À L'AVENIR

UN DES DÉFIS DU JOUR, PETIT OU GRAND

QU'AI-JE FAIT DE MAL ET COMMENT L'ÉVITER?

La pratique quotidienne de la pleine conscience

 ## JOURNAL

OBJECTIF

La pratique quotidienne de la pleine conscience

Date: ____/____/20__

Di ⚪ **LU** ⚪ MA ⚪ ME ⚪ JE ⚪ VE ⚪ SA ⚪

IDÉES

MON ÉTAT D'ESPRIT AUJOURD'HUI

😊 😞 😐 😄 😠

Aujourd'hui sera une Bonne Journée

Méditation

Combien de temps? ____ / ____

Comment était-ce ? **Dur** ⚪ **Facile** ⚪

Exercice ⚪ Yoga/Marche/Gymnastique/Autre _____

Aujourd'hui, je choisis de me sentir

_____
_____
_____

Aujourd'hui, je me concentrerai sur

_____
_____
_____

Aujourd'hui, je me sens inspiré par

_____
_____
_____

Les bonnes habitudes du jour

_____
_____
_____

Liste des choses à faire

○ _____
○ _____
○ _____
○ _____
○ _____

Aujourd'hui, je suis reconnaissant pour

_____
_____
_____
_____
_____

La pratique quotidienne de la pleine conscience

Ma journée

10 MINUTES POUR RÉFLÉCHIR À VOTRE JOURNÉE

3 ÉVÉNEMENTS QUE JE VOUDRAIS SOUVENIR

UNE IDÉE D'AUJOURD'HUI QUE VOUS VOULEZ ESSAYER À L'AVENIR

UN DES DÉFIS DU JOUR, PETIT OU GRAND

QU'AI-JE FAIT DE MAL ET COMMENT L'ÉVITER?

JOURNAL

OBJECTIF

La pratique quotidienne de la pleine conscience

Date: _____ / _____ /20__

Di ◯ LU ◯ MA ◯ ME ◯ JE ◯ VE ◯ SA ◯

IDÉES

MON ÉTAT D'ESPRIT AUJOURD'HUI

☺ ☹ ☹ 😄 😠

Aujourd'hui sera une Bonne Journée

Méditation

Combien de temps? _____ / _____

Comment était-ce ? **Dur** ◯ **Facile** ◯

Exercice ◯ Yoga/Marche/Gymnastique/Autre _____

Aujourd'hui, je choisis de me sentir

_____
_____
_____

Aujourd'hui, je me concentrerai sur

_____
_____
_____

Aujourd'hui, je me sens inspiré par

_____
_____
_____

Les bonnes habitudes du jour

_____
_____
_____

Liste des choses à faire

◯ _____
◯ _____
◯ _____
◯ _____
◯ _____

Aujourd'hui, je suis reconnaissant pour

_____
_____
_____
_____
_____

La pratique quotidienne de la pleine conscience

Ma journée

10 MINUTES POUR RÉFLÉCHIR À VOTRE JOURNÉE

3 ÉVÉNEMENTS QUE JE VOUDRAIS SOUVENIR

UNE IDÉE D'AUJOURD'HUI QUE VOUS VOULEZ ESSAYER À L'AVENIR

UN DES DÉFIS DU JOUR, PETIT OU GRAND

QU'AI-JE FAIT DE MAL ET COMMENT L'ÉVITER?

La pratique quotidienne de la pleine conscience

 JOURNAL

OBJECTIF

La pratique quotidienne de la pleine conscience

Date: _____ / _____ /20__

Di ⚪ LU ⚪ MA ⚪ ME ⚪ JE ⚪ VE ⚪ SA ⚪

IDÉES

MON ÉTAT D'ESPRIT AUJOURD'HUI

☺ ☹ 😐 😄 😠

Aujourd'hui sera une Bonne Journée

🙂 **Méditation**

Combien de temps? _____ / _____   Comment était-ce ? **Dur** ⚪ **Facile** ⚪

Exercice ⚪   Yoga/Marche/Gymnastique/Autre _____

🙂 **Aujourd'hui, je choisis de me sentir**   ⓘ **Aujourd'hui, je me concentrerai sur**

_____   _____
_____   _____
_____   _____

Aujourd'hui, je me sens inspiré par   🙂 **Les bonnes habitudes du jour**

_____   _____
_____   _____
_____   _____

⏱ **Liste des choses à faire**   ♥ **Aujourd'hui, je suis reconnaissant pour**

_____   _____
_____   _____
_____   _____
_____   _____
_____   _____

Ma journée

10 MINUTES POUR RÉFLÉCHIR À VOTRE JOURNÉE

3 ÉVÉNEMENTS QUE JE VOUDRAIS SOUVENIR

UNE IDÉE D'AUJOURD'HUI QUE VOUS VOULEZ ESSAYER À L'AVENIR

UN DES DÉFIS DU JOUR, PETIT OU GRAND

QU'AI-JE FAIT DE MAL ET COMMENT L'ÉVITER?

JOURNAL

_____

_____

_____

_____

_____

_____

_____

_____

_____

_____

_____

_____

_____

_____

_____

_____

_____

_____

_____

_____

OBJECTIF

La pratique quotidienne de la pleine conscience

Date: _____ / _____ /20__

Di ○ LU ○ MA ○ ME ○ JE ○ VE ○ SA ○

IDÉES

MON ÉTAT D'ESPRIT AUJOURD'HUI

☺ ☹ ☹ ☺ 😠

Aujourd'hui sera une Bonne Journée

Méditation

Combien de temps? _____ / _____

Comment était-ce ? **Dur** ○ **Facile** ○

Exercice ○ Yoga/Marche/Gymnastique/Autre _____

Aujourd'hui, je choisis de me sentir

_____
_____
_____

Aujourd'hui, je me concentrerai sur

_____
_____
_____

Aujourd'hui, je me sens inspiré par

_____
_____
_____

Les bonnes habitudes du jour

_____
_____
_____

Liste des choses à faire

○ _____
○ _____
○ _____
○ _____
○ _____
○ _____

Aujourd'hui, je suis reconnaissant pour

_____
_____
_____
_____
_____

La pratique quotidienne de la pleine conscience

Ma journée

10 MINUTES POUR RÉFLÉCHIR À VOTRE JOURNÉE

3 ÉVÉNEMENTS QUE JE VOUDRAIS SOUVENIR

UNE IDÉE D'AUJOURD'HUI QUE VOUS VOULEZ ESSAYER À L'AVENIR

UN DES DÉFIS DU JOUR, PETIT OU GRAND

QU'AI-JE FAIT DE MAL ET COMMENT L'ÉVITER?

JOURNAL

OBJECTIF

La pratique quotidienne de la pleine conscience

Date: ____ / ____ /20__

Di ◯ LU ◯ MA ◯ ME ◯ JE ◯ VE ◯ SA ◯

IDÉES

MON ÉTAT D'ESPRIT AUJOURD'HUI

😊 😞 😐 😄 😠

Aujourd'hui sera une Bonne Journée

Méditation

Combien de temps? ____ / ____

Comment était-ce ? **Dur** ◯ **Facile** ◯

Exercice ◯   Yoga/Marche/Gymnastique/Autre _____

Aujourd'hui, je choisis de me sentir

_____
_____
_____

Aujourd'hui, je me concentrerai sur

_____
_____
_____

Aujourd'hui, je me sens inspiré par

_____
_____
_____

Les bonnes habitudes du jour

_____
_____
_____

Liste des choses à faire

◯ _____
◯ _____
◯ _____
◯ _____
◯ _____
◯ _____

Aujourd'hui, je suis reconnaissant pour

_____
_____
_____
_____
_____

La pratique quotidienne de la pleine conscience

Ma journée

10 MINUTES POUR RÉFLÉCHIR À VOTRE JOURNÉE

3 ÉVÉNEMENTS QUE JE VOUDRAIS SOUVENIR

UNE IDÉE D'AUJOURD'HUI QUE VOUS VOULEZ ESSAYER À L'AVENIR

UN DES DÉFIS DU JOUR, PETIT OU GRAND

QU'AI-JE FAIT DE MAL ET COMMENT L'ÉVITER?

La pratique quotidienne de la pleine conscience

 JOURNAL

OBJECTIF

La pratique quotidienne de la pleine conscience

Date: _____ / _____ /20__

IDÉES

Di ◯ LU ◯ MA ◯ ME ◯ JE ◯ VE ◯ SA ◯

MON ÉTAT D'ESPRIT AUJOURD'HUI

☺ ☹ ☹ 😄 😠

Aujourd'hui sera une Bonne Journée

Méditation

Combien de temps? _____ / _____

Comment était-ce ? **Dur** ◯ **Facile** ◯

Exercice ◯ Yoga/Marche/Gymnastique/Autre _____

Aujourd'hui, je choisis de me sentir

_____
_____
_____

Aujourd'hui, je me concentrerai sur

_____
_____
_____

Aujourd'hui, je me sens inspiré par

_____
_____
_____

Les bonnes habitudes du jour

_____
_____
_____

Liste des choses à faire

◯ _____
◯ _____
◯ _____
◯ _____
◯ _____

Aujourd'hui, je suis reconnaissant pour

_____
_____
_____
_____
_____

La pratique quotidienne de la pleine conscience

Ma journée

10 MINUTES POUR RÉFLÉCHIR À VOTRE JOURNÉE

3 ÉVÉNEMENTS QUE JE VOUDRAIS SOUVENIR

UNE IDÉE D'AUJOURD'HUI QUE VOUS VOULEZ ESSAYER À L'AVENIR

UN DES DÉFIS DU JOUR, PETIT OU GRAND

QU'AI-JE FAIT DE MAL ET COMMENT L'ÉVITER?

La pratique quotidienne de la pleine conscience

JOURNAL

OBJECTIF

La pratique quotidienne de la pleine conscience

Date: _____/_____/20__

Di ○ LU ○ MA ○ ME ○ JE ○ VE ○ SA ○

IDÉES

MON ÉTAT D'ESPRIT AUJOURD'HUI

☺ ☹ 😐 😄 😠

Aujourd'hui sera une Bonne Journée

Méditation

Combien de temps? _____ / _____

Comment était-ce ? **Dur** ○ **Facile** ○

Exercice ○   Yoga/Marche/Gymnastique/Autre _____

Aujourd'hui, je choisis de me sentir

_____
_____
_____

Aujourd'hui, je me concentrerai sur

_____
_____
_____

Aujourd'hui, je me sens inspiré par

_____
_____
_____

Les bonnes habitudes du jour

_____
_____
_____

Liste des choses à faire

○ _____
○ _____
○ _____
○ _____
○ _____

Aujourd'hui, je suis reconnaissant pour

_____
_____
_____
_____
_____

La pratique quotidienne de la pleine conscience

Ma journée

10 MINUTES POUR RÉFLÉCHIR À VOTRE JOURNÉE

3 ÉVÉNEMENTS QUE JE VOUDRAIS SOUVENIR

UNE IDÉE D'AUJOURD'HUI QUE VOUS VOULEZ ESSAYER À L'AVENIR

UN DES DÉFIS DU JOUR, PETIT OU GRAND

QU'AI-JE FAIT DE MAL ET COMMENT L'ÉVITER?

La pratique quotidienne de la pleine conscience

 JOURNAL

OBJECTIF

La pratique quotidienne de la pleine conscience

Date: _____/_____/20__

Di ◯ LU ◯ MA ◯ ME ◯ JE ◯ VE ◯ SA ◯

IDÉES

MON ÉTAT D'ESPRIT AUJOURD'HUI

🙂 🙁 ☹️ 😄 😠

Aujourd'hui sera une Bonne Journée

Méditation

Combien de temps? _____ / _____

Comment était-ce ? **Dur** ◯ **Facile** ◯

Exercice ◯   Yoga/Marche/Gymnastique/Autre _____

Aujourd'hui, je choisis de me sentir

_____
_____
_____

Aujourd'hui, je me concentrerai sur

_____
_____
_____

Aujourd'hui, je me sens inspiré par

_____
_____
_____

Les bonnes habitudes du jour

_____
_____
_____

Liste des choses à faire

◯ _____
◯ _____
◯ _____
◯ _____
◯ _____

Aujourd'hui, je suis reconnaissant pour

_____
_____
_____
_____
_____

La pratique quotidienne de la pleine conscience

Ma journée

10 MINUTES POUR RÉFLÉCHIR À VOTRE JOURNÉE

3 ÉVÉNEMENTS QUE JE VOUDRAIS SOUVENIR

UNE IDÉE D'AUJOURD'HUI QUE VOUS VOULEZ ESSAYER À L'AVENIR

UN DES DÉFIS DU JOUR, PETIT OU GRAND

QU'AI-JE FAIT DE MAL ET COMMENT L'ÉVITER?

La pratique quotidienne de la pleine conscience

 JOURNAL

La pratique quotidienne de la pleine conscience

Date: _____ / _____ /20__

Di ◯ LU ◯ MA ◯ ME ◯ JE ◯ VE ◯ SA ◯

MON ÉTAT D'ESPRIT AUJOURD'HUI

Aujourd'hui sera une Bonne Journée

IDÉES

😊 😞 😐 😄 😠

Méditation

Combien de temps? _____ / _____   Comment était-ce ? **Dur** ◯ **Facile** ◯

Exercice ◯   Yoga/Marche/Gymnastique/Autre _____

Aujourd'hui, je choisis de me sentir
_____
_____
_____

Aujourd'hui, je me concentrerai sur
_____
_____
_____

Aujourd'hui, je me sens inspiré par
_____
_____

Les bonnes habitudes du jour
_____
_____

Liste des choses à faire
◯ _____
◯ _____
◯ _____
◯ _____
◯ _____
◯ _____

Aujourd'hui, je suis reconnaissant pour
_____
_____
_____
_____
_____

La pratique quotidienne de la pleine conscience

Ma journée

10 MINUTES POUR RÉFLÉCHIR À VOTRE JOURNÉE

3 ÉVÉNEMENTS QUE JE VOUDRAIS SOUVENIR

UNE IDÉE D'AUJOURD'HUI QUE VOUS VOULEZ ESSAYER À L'AVENIR

UN DES DÉFIS DU JOUR, PETIT OU GRAND

QU'AI-JE FAIT DE MAL ET COMMENT L'ÉVITER?

La pratique quotidienne de la pleine conscience

JOURNAL

OBJECTIF

La pratique quotidienne de la pleine conscience

Date: _____ / _____ /20__

Di ◯ LU ◯ MA ◯ ME ◯ JE ◯ VE ◯ SA ◯

MON ÉTAT D'ESPRIT AUJOURD'HUI

IDÉES

☺ ☹ ☹ 😄 😠

Aujourd'hui sera une Bonne Journée

Méditation

Combien de temps? _____ / _____

Comment était-ce ? **Dur** ◯ **Facile** ◯

Exercice ◯   Yoga/Marche/Gymnastique/Autre _____

Aujourd'hui, je choisis de me sentir

_____
_____
_____

Aujourd'hui, je me concentrerai sur

_____
_____
_____

Aujourd'hui, je me sens inspiré par

_____
_____
_____

Les bonnes habitudes du jour

_____
_____
_____

Liste des choses à faire

◯ _____
◯ _____
◯ _____
◯ _____
◯ _____
◯ _____

Aujourd'hui, je suis reconnaissant pour

_____
_____
_____
_____
_____

La pratique quotidienne de la pleine conscience

Ma journée

10 MINUTES POUR RÉFLÉCHIR À VOTRE JOURNÉE

3 ÉVÉNEMENTS QUE JE VOUDRAIS SOUVENIR

UNE IDÉE D'AUJOURD'HUI QUE VOUS VOULEZ ESSAYER À L'AVENIR

UN DES DÉFIS DU JOUR, PETIT OU GRAND

QU'AI-JE FAIT DE MAL ET COMMENT L'ÉVITER?

OBJECTIF

La pratique quotidienne de la pleine conscience

Date: _____ / _____ /20__

Di ○ LU ○ MA ○ ME ○ JE ○ VE ○ SA ○

IDÉES

MON ÉTAT D'ESPRIT AUJOURD'HUI

Aujourd'hui sera une Bonne Journée

☺ ☹ ☹ ☺ 😠

Méditation

Combien de temps? _____ / _____   Comment était-ce ? **Dur** ○ **Facile** ○

Exercice ○   Yoga/Marche/Gymnastique/Autre _____

Aujourd'hui, je choisis de me sentir

_____
_____
_____

Aujourd'hui, je me concentrerai sur

_____
_____
_____

Aujourd'hui, je me sens inspiré par

_____
_____
_____

Les bonnes habitudes du jour

_____
_____
_____

Liste des choses à faire

○ _____
○ _____
○ _____
○ _____
○ _____
○ _____

Aujourd'hui, je suis reconnaissant pour

_____
_____
_____
_____
_____

La pratique quotidienne de la pleine conscience

Ma journée

10 MINUTES POUR RÉFLÉCHIR À VOTRE JOURNÉE

3 ÉVÉNEMENTS QUE JE VOUDRAIS SOUVENIR

UNE IDÉE D'AUJOURD'HUI QUE VOUS VOULEZ ESSAYER À L'AVENIR

UN DES DÉFIS DU JOUR, PETIT OU GRAND

QU'AI-JE FAIT DE MAL ET COMMENT L'ÉVITER?

La pratique quotidienne de la pleine conscience

 JOURNAL

OBJECTIF ★

La pratique quotidienne de la pleine conscience

Date: _____ / _____ / 20_____

Di ○   LU ○   MA ○   ME ○   JE ○   VE ○   SA ○

IDÉES

MON ÉTAT D'ESPRIT AUJOURD'HUI

😊 😞 😣 😄 😠

Aujourd'hui sera une Bonne Journée

Méditation

Combien de temps? _____ / _____

Comment était-ce ? **Dur** ○ **Facile** ○

Exercice ○   Yoga/Marche/Gymnastique/Autre _____

Aujourd'hui, je choisis de me sentir

_____
_____
_____

Aujourd'hui, je me concentrerai sur

_____
_____
_____

Aujourd'hui, je me sens inspiré par

_____
_____
_____

Les bonnes habitudes du jour

_____
_____
_____

Liste des choses à faire

○ _____
○ _____
○ _____
○ _____
○ _____
○ _____

Aujourd'hui, je suis reconnaissant pour

_____
_____
_____
_____

La pratique quotidienne de la pleine conscience

Ma journée

10 MINUTES POUR RÉFLÉCHIR À VOTRE JOURNÉE

3 ÉVÉNEMENTS QUE JE VOUDRAIS SOUVENIR

UNE IDÉE D'AUJOURD'HUI QUE VOUS VOULEZ ESSAYER À L'AVENIR

UN DES DÉFIS DU JOUR, PETIT OU GRAND

QU'AI-JE FAIT DE MAL ET COMMENT L'ÉVITER?

JOURNAL

OBJECTIF

La pratique quotidienne de la pleine conscience

Date: ____ / ____ /20__

Di ◯ LU ◯ MA ◯ ME ◯ JE ◯ VE ◯ SA ◯

MON ÉTAT D'ESPRIT AUJOURD'HUI

IDÉES

☺ ☹ ☹ 😄 😣

Aujourd'hui sera une Bonne Journée

Méditation

Combien de temps? ____ / ____

Comment était-ce ? **Dur** ◯ **Facile** ◯

Exercice ◯   Yoga/Marche/Gymnastique/Autre _____

Aujourd'hui, je choisis de me sentir

_____
_____
_____

Aujourd'hui, je me concentrerai sur

_____
_____
_____

Aujourd'hui, je me sens inspiré par

_____
_____
_____

Les bonnes habitudes du jour

_____
_____
_____

Liste des choses à faire

◯ _____
◯ _____
◯ _____
◯ _____
◯ _____
◯ _____

Aujourd'hui, je suis reconnaissant pour

_____
_____
_____
_____
_____
_____

Ma journée

10 MINUTES POUR RÉFLÉCHIR À VOTRE JOURNÉE

3 ÉVÉNEMENTS QUE JE VOUDRAIS SOUVENIR

UNE IDÉE D'AUJOURD'HUI QUE VOUS VOULEZ ESSAYER À L'AVENIR

UN DES DÉFIS DU JOUR, PETIT OU GRAND

QU'AI-JE FAIT DE MAL ET COMMENT L'ÉVITER?

La pratique quotidienne de la pleine conscience

 JOURNAL

OBJECTIF €

La pratique quotidienne de la pleine conscience

Date: _____ / _____ /20__

Di ◯ LU ◯ MA ◯ ME ◯ JE ◯ VE ◯ SA ◯

MON ÉTAT D'ESPRIT AUJOURD'HUI

IDÉES

☺ ☹ ☹ 😄 😠

Aujourd'hui sera une Bonne Journée

☺ **Méditation**

Combien de temps? _____ / _____

Comment était-ce ? **Dur** ◯ **Facile** ◯

Exercice ◯ Yoga/Marche/Gymnastique/Autre _____

☺ **Aujourd'hui, je choisis de me sentir**

_____
_____
_____

💡 **Aujourd'hui, je me concentrerai sur**

_____
_____
_____

Aujourd'hui, je me sens inspiré par

_____
_____
_____

☺ **Les bonnes habitudes du jour**

_____
_____
_____

⏱ **Liste des choses à faire**

◯ _____
◯ _____
◯ _____
◯ _____
◯ _____
◯ _____

♥ **Aujourd'hui, je suis reconnaissant pour**

_____
_____
_____
_____
_____

La pratique quotidienne de la pleine conscience

Ma journée

10 MINUTES POUR RÉFLÉCHIR À VOTRE JOURNÉE

3 ÉVÉNEMENTS QUE JE VOUDRAIS SOUVENIR

UNE IDÉE D'AUJOURD'HUI QUE VOUS VOULEZ ESSAYER À L'AVENIR

UN DES DÉFIS DU JOUR, PETIT OU GRAND

QU'AI-JE FAIT DE MAL ET COMMENT L'ÉVITER?

JOURNAL

OBJECTIF

La pratique quotidienne de la pleine conscience

Date: _____ / _____ /20__

Di ◯ LU ◯ MA ◯ ME ◯ JE ◯ VE ◯ SA ◯

IDÉES

MON ÉTAT D'ESPRIT AUJOURD'HUI

☺ ☹ 😣 😄 😠

Aujourd'hui sera une Bonne Journée

Méditation

Combien de temps? _____ / _____

Comment était-ce ? **Dur** ◯ **Facile** ◯

Exercice ◯   Yoga/Marche/Gymnastique/Autre _____

Aujourd'hui, je choisis de me sentir

_____
_____
_____

Aujourd'hui, je me concentrerai sur

_____
_____
_____

Aujourd'hui, je me sens inspiré par

_____
_____
_____

Les bonnes habitudes du jour

_____
_____
_____

Liste des choses à faire

◯ _____
◯ _____
◯ _____
◯ _____
◯ _____
◯ _____

Aujourd'hui, je suis reconnaissant pour

_____
_____
_____
_____
_____

La pratique quotidienne de la pleine conscience

Ma journée

10 MINUTES POUR RÉFLÉCHIR À VOTRE JOURNÉE

3 ÉVÉNEMENTS QUE JE VOUDRAIS SOUVENIR

UNE IDÉE D'AUJOURD'HUI QUE VOUS VOULEZ ESSAYER À L'AVENIR

UN DES DÉFIS DU JOUR, PETIT OU GRAND

QU'AI-JE FAIT DE MAL ET COMMENT L'ÉVITER?

La pratique quotidienne de la pleine conscience

 # JOURNAL

OBJECTIF

La pratique quotidienne de la pleine conscience

Date: _____ / _____ /20__

Di ◯ LU ◯ MA ◯ ME ◯ JE ◯ VE ◯ SA ◯

MON ÉTAT D'ESPRIT AUJOURD'HUI

IDÉES ☺ ☹ ☹ 😄 😠   *Aujourd'hui sera une Bonne Journée*

Méditation

Combien de temps? _____ / _____   Comment était-ce ? **Dur** ◯ **Facile** ◯

Exercice ◯   Yoga/Marche/Gymnastique/Autre _____

Aujourd'hui, je choisis de me sentir

_____
_____
_____

Aujourd'hui, je me concentrerai sur

_____
_____
_____

Aujourd'hui, je me sens inspiré par

_____
_____
_____

Les bonnes habitudes du jour

_____
_____
_____

Liste des choses à faire

◯ _____
◯ _____
◯ _____
◯ _____
◯ _____
◯ _____

Aujourd'hui, je suis reconnaissant pour

_____
_____
_____
_____
_____
_____

La pratique quotidienne de la pleine conscience

Ma journée

10 MINUTES POUR RÉFLÉCHIR À VOTRE JOURNÉE

3 ÉVÉNEMENTS QUE JE VOUDRAIS SOUVENIR

UNE IDÉE D'AUJOURD'HUI QUE VOUS VOULEZ ESSAYER À L'AVENIR

UN DES DÉFIS DU JOUR, PETIT OU GRAND

QU'AI-JE FAIT DE MAL ET COMMENT L'ÉVITER?

JOURNAL

OBJECTIF

La pratique quotidienne de la pleine conscience

Date: _____ / _____ /20__

Di ○ LU ○ MA ○ ME ○ JE ○ VE ○ SA ○

MON ÉTAT D'ESPRIT AUJOURD'HUI

Aujourd'hui sera une Bonne Journée

IDÉES

😊 😦 😣 😄 😝

Méditation

Combien de temps? _____ / _____

Comment était-ce ? **Dur** ○ **Facile** ○

Exercice ○   Yoga/Marche/Gymnastique/Autre _____

Aujourd'hui, je choisis de me sentir

_____
_____
_____

Aujourd'hui, je me concentrerai sur

_____
_____
_____

Aujourd'hui, je me sens inspiré par

_____
_____
_____

Les bonnes habitudes du jour

_____
_____
_____

Liste des choses à faire

○ _____
○ _____
○ _____
○ _____
○ _____

Aujourd'hui, je suis reconnaissant pour

_____
_____
_____
_____
_____

La pratique quotidienne de la pleine conscience

Ma journée

10 MINUTES POUR RÉFLÉCHIR À VOTRE JOURNÉE

3 ÉVÉNEMENTS QUE JE VOUDRAIS SOUVENIR

UNE IDÉE D'AUJOURD'HUI QUE VOUS VOULEZ ESSAYER À L'AVENIR

UN DES DÉFIS DU JOUR, PETIT OU GRAND

1

QU'AI-JE FAIT DE MAL ET COMMENT L'ÉVITER?

JOURNAL

OBJECTIF

La pratique quotidienne de la pleine conscience

Date: _____ / _____ /20__

Di ○ LU ○ MA ○ ME ○ JE ○ VE ○ SA ○

MON ÉTAT D'ESPRIT AUJOURD'HUI

IDÉES

☺ ☹ ☹ ☺ 😠

Aujourd'hui sera une Bonne Journée

Méditation

Combien de temps? _____ / _____

Comment était-ce ? **Dur** ○ **Facile** ○

Exercice ○ Yoga/Marche/Gymnastique/Autre _____

Aujourd'hui, je choisis de me sentir

_____
_____
_____

Aujourd'hui, je me concentrerai sur

_____
_____
_____

Aujourd'hui, je me sens inspiré par

_____
_____
_____

Les bonnes habitudes du jour

_____
_____
_____

Liste des choses à faire

○ _____
○ _____
○ _____
○ _____
○ _____
○ _____

Aujourd'hui, je suis reconnaissant pour

_____
_____
_____
_____
_____

La pratique quotidienne de la pleine conscience

Ma journée

10 MINUTES POUR RÉFLÉCHIR À VOTRE JOURNÉE

3 ÉVÉNEMENTS QUE JE VOUDRAIS SOUVENIR

UNE IDÉE D'AUJOURD'HUI QUE VOUS VOULEZ ESSAYER À L'AVENIR

UN DES DÉFIS DU JOUR, PETIT OU GRAND

QU'AI-JE FAIT DE MAL ET COMMENT L'ÉVITER?

JOURNAL

OBJECTIF

Je vous remercie!

**Nous espérons que vous avez apprécié notre livre.
En tant que petite entreprise familiale, vos commentaires sont essentiels pour nous.
Veuillez nous faire savoir comment vous avez aimé notre livre à:**

Procurement@camelinis.com